AF545397

Karin Eder

Klassische Strickmuster

modern interpretiert

Karin Eder

KLASSISCHE STRICKMUSTER

modern interpretiert

ZOPF- & RECHTS-LINKS-MUSTER

Leopold Stocker Verlag
Graz – Stuttgart

Umschlaggestaltung: Werbeagentur Rypka, A-8143 Dobl/Graz
Umschlagbilder Vorderseite: Großes Bild: Iris Schwarzl, Kleine Bilder: Isabella Deutscher
Umschlagbilder Rückseite: Robert Messics
Bildnachweis: Alle Bilder stammen dankenswerterweise von Roland Messics.
Mit Ausnahme von S. 8: Iris Schwarzl; und S. 65: Isabella Deutscher

Bibliographische Information der Deutschen Nationalbibliothek
Die Deutsche Nationalbibliothek verzeichnet diese Publikation in der Deutschen Nationalbibliographie; detaillierte bibliographische Daten sind im Internet über http://dnb.d-nb.de abrufbar.

Hinweis:
Dieses Buch wurde auf chlorfrei gebleichtem Papier gedruckt. Die zum Schutz vor Verschmutzung verwendete Einschweißfolie ist aus Polyethylen chlor- und schwefelfrei hergestellt. Diese umweltfreundliche Folie verhält sich grundwasserneutral, ist voll recyclingfähig und verbrennt in Müllverbrennungsanlagen völlig ungiftig.

Auf Wunsch senden wir Ihnen gerne kostenlos unser Verlagsverzeichnis zu:
Leopold Stocker Verlag GmbH
Hofgasse 5 / Postfach 438
A-8011 Graz
Tel.: +43 (0)316/82 16 36
Fax: +43 (0)316/83 56 12
E-Mail: stocker-verlag@stocker-verlag.com
www.stocker-verlag.com

ISBN 978-3-7020-2248-8

Layout: Werbeagentur Rypka, A-8143 Dobl/Graz

LIEBE LESERINNEN UND LESER,

Stricken macht große Freude und bringt auch sehr viel Entspannung mit sich. Gerade in unserer oft hektischen Zeit ist ein entspannendes Hobby wie dieses eine tolle Möglichkeit, eine kleine Auszeit zu genießen und dabei noch schöne Dinge zu erschaffen.

Mit selbst gemachten Deko-Artikeln lässt sich die Wohnung so richtig heimelig ausstatten und gerade selbst gemachte Stücke erfreuen Sie selbst und auch alle Ihre Lieben, wenn Sie sie verschenken, ganz besonders.

Ein kleines Mitbringsel lässt sich oft schon aus der Restekiste ganz leicht zaubern und Resteverwerten bringt einerseits Spaß und ist auch sehr nachhaltig.

In dieser Strickmustersammlung finden Sie nicht nur klassische Zopf- und Rechts-Linksmuster zum Nachmachen, sondern auch eine große Anzahl von Strickideen in genau diesen Mustern.

Ich habe für Sie eine schöne Auswahl an Kleidung, Accessoires und Deko-Artikeln für die ganze Familie zusammengestellt, sodass für Jung und Alt hoffentlich etwas dabei ist. Stirnbänder, Schals, Mützen und eine Weste in fünf Größen spenden an kalten Tagen wohlige Wärme. Kissen in verschiedenen Größen oder die Nackenrolle laden zum Kuscheln auf der Couch ein. Taschen und Säckchen in verschiedenen Größen bieten Tragekomfort beim Transport von Unterlagen oder Handy bzw. Aufbewahrungsmöglichkeit für Kleinigkeiten. Und mit den Windlichtern und Serviettenringen wird jeder Esstisch nochmal besonders aufgewertet.

Für größere Vorhaben – besonders, wenn es sich um Kleidung handelt – empfehle ich Ihnen, qualitativ hochwertige Materialien zu verwenden, damit Sie einerseits einen hohen Tragekomfort genießen können und andererseits auch nach vielen Wäschen immer noch Freude am Ihrem Strickstück haben werden.

Die Zählmuster sind bunt, so können Sie sehr leicht erkennen, welche Maschen zu stricken sind. Immer von der rechten, unteren Ecke aus beginnen und dann Reihe für Reihe weiterarbeiten. Fast alle Muster sind so aufgebaut, dass in der Rückreihe die Maschen so abgestrickt werden, wie sie erscheinen. Nur bei einigen wenigen, zumeist einfachen Mustern wird das Muster in der Rückreihe verändert, wie z. B. bei den Taschen. Wenn ein Problem auftritt, drehen Sie die Arbeit auf die rechte Seite, dann wird alles wieder übersichtlich.

Ich wünsche Ihnen viel Spaß beim Stricken und viel Freude mit Ihren Strickstücken!

Falls Fragen auftauchen,
können Sie mich gerne unter
karin.elisabeth.eder@gmail.com
kontaktieren!

Herzlichst,

Ihre Karin Eder

INHALT

ZEICHEN-ERKLÄRUNG

- Gelb: Rippenmuster (kraus rechts)
- Orange: 3 Maschen rechts zusammenstricken
- Rot: glatt rechts (Hinreihe rechts stricken, Rückreihe links stricken)
- Rosa 1: Patentmaschen. Vorbereitungsreihe: 1 Masche und 1 Umschlag rechts abheben, 1 Masche rechts stricken.
  Alle weiteren Reihen: Die in der Vorreihe gestrickte M mit 1 Umschlag links abheben, den Umschlag und die abgehobene M der Vorreihe rechts zusammenstricken.
- Rosa 2: Noppe über zwei Maschen häkeln: jeweils drei zusammen abgemaschte Stäbchen in die Masche häkeln, die beiden Noppen nochmal zusammen abmaschen (nur bei der Figur).
- Lila 1: 2 Maschen rechts zusammenstricken
- Lila 2: 2 Maschen rechts verschränkt zusammenstricken
- Lila 3: jeweilige Anzahl Maschen mittels Hilfsnadel vor die Arbeit legen, nächstfolgende Maschen abstricken, dann die Maschen auf der Hilfsnadel abstricken.
- Blau: glatt links (Hinreihe links stricken, Rückreihe rechts stricken)
- Grün 1: Umschlag, in der Rückreihe links stricken
- Grün 2: 2 Maschen abketten, 2 Umschläge, diese in der Rückreihe links stricken (nur beim Gesicht)
- Grün 3: Masche aus dem Querfaden herausstricken (nur beim Gesicht)
- Grün 4: Noppe, Masche anstatt des üblichen Abstrickens auf die Häkelnadel nehmen, in die Masche etwa zwei Reihen tiefer fünf zusammen abgemaschte Stäbchen arbeiten, eventuell noch mit einer Kettmasche verbinden, die Schlinge wieder auf die rechte Stricknadel nehmen (nur fürs Duftkissen)

KLEIDUNG

KINDER-STIRNBAND

MATERIAL

50 g Wolle, wie Elisa Merino 80, LL: 80 m pro 50 g

Stricken Sie das Stirnband in einer etwas breiteren Ausführung, dann passt es perfekt über die Ohren.

ANLEITUNG

Die Vorlage zeigt die gesamte Breite des Stirnbandes, die Länge lässt sich gut an den Bedarf anpassen.

22 Maschen anschlagen und die ersten 6 Reihen im Rippenmuster (kraus rechts) stricken.

Randmasche, 4 M im Rippenmuster (kraus rechts), 1 M links, aus den zwei folgenden Maschen je 1 M herausstricken, ergibt den Zopf über 4 Maschen, 1 M links, 4 M Rippe ...

Die für den Zopf aufgenommenen Maschen in der ersten Reihe des abschließenden Rippenmusters über 6 Reihen wieder abnehmen (jeweils 2 x 2 M zusammenstricken).

Zuletzt die M abketten und die Naht schließen.

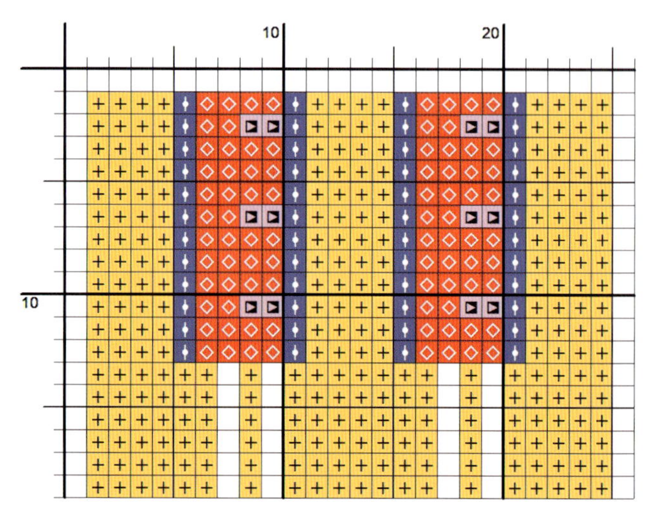

KINDER-HAUBE

MATERIAL

100 g Wolle, wie Elisa Merino 80, LL: 80 m pro 50 g

ANLEITUNG

83 Maschen anschlagen und ca. 22 Reihen Bündchenmuster (1 M rechts, 1 M links), stricken.

Für die Zöpfe jeweils drei Maschen aus dem Querfaden herausstricken.

Das Muster, wie folgt, stricken: 1 Randmasche, 5 M Bündchenmuster, * 4 M links, Zopf, 4 M links, 7 M Bündchenmuster. Ab * 3-Mal wiederholen, 5 M Bündchenmuster, 1 Randmasche. Das ergibt 4 Zöpfe. Über die Rückreihen die M abstricken, wie sie erscheinen.

7-Mal verzopfen.

Zum Abschluss über die nächste Reihe durchgehend jeweils 2 M zusammenstricken. Über zwei weitere Reihen arbeiten. Zuletzt die restlichen M mit doppeltem Faden zusammenziehen, diesen vernähen und die Seitennaht verschließen.

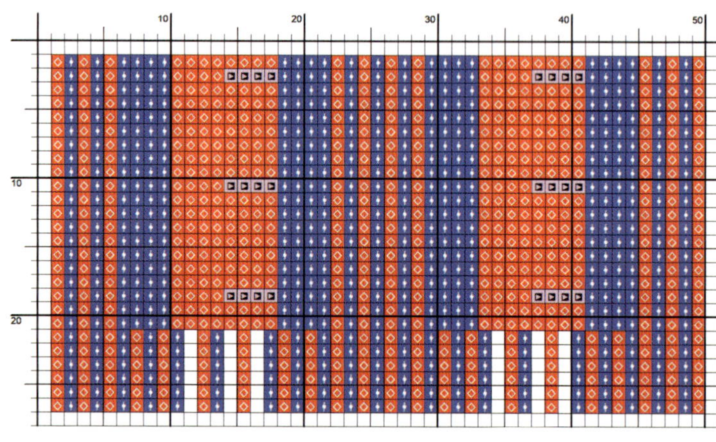

SCHAL FÜR KLEINKINDER

MATERIAL

60 g Wolle, wie Elisa Merino 80, LL: 80 m pro 50 g

ANLEITUNG

33 Maschen aufnehmen. Zuerst 6 Reihen im Rippenmuster (kraus rechts) stricken.

Das Muster lt. Vorlage fortlaufend wiederholen und am Ende mit 6 Reihen Rippenmuster abschließen. Zuletzt die Maschen abketten.

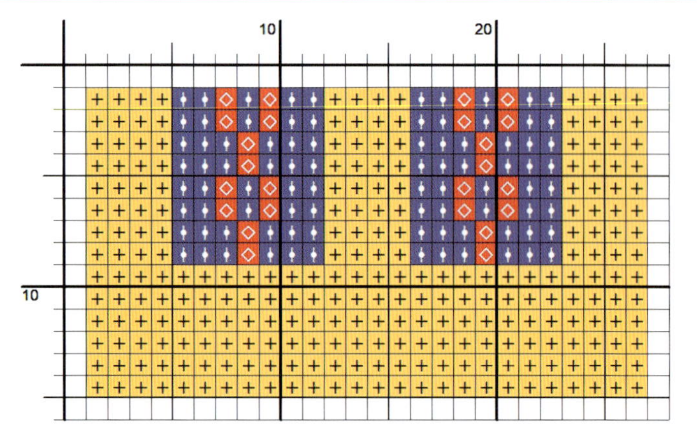

KINDER-SCHAL

MATERIAL

150 g Wolle, wie Elisa Merino 80, LL: 80 m pro 50 g

ANLEITUNG

40 Maschen anschlagen, dann 8 Reihen im Rippenmuster (kraus rechts) arbeiten.

Weiter geht's mit dem Zopfmuster lt. Vorlage: Bei der Mustereinteilung die Maschen des Zopfstreifens verdoppeln (jeweils 1 M aus dem Querfaden herausstricken).

Weiterstricken, bis die gewünschte Länge erreicht ist.

In der 1. Reihe des Abschlussbündchens die für den Zopf zusätzlich aufgenommenen Maschen wieder zusammenstricken.
8 Reihen im Rippenmuster (kraus rechts) stricken und zuletzt die Maschen abketten.

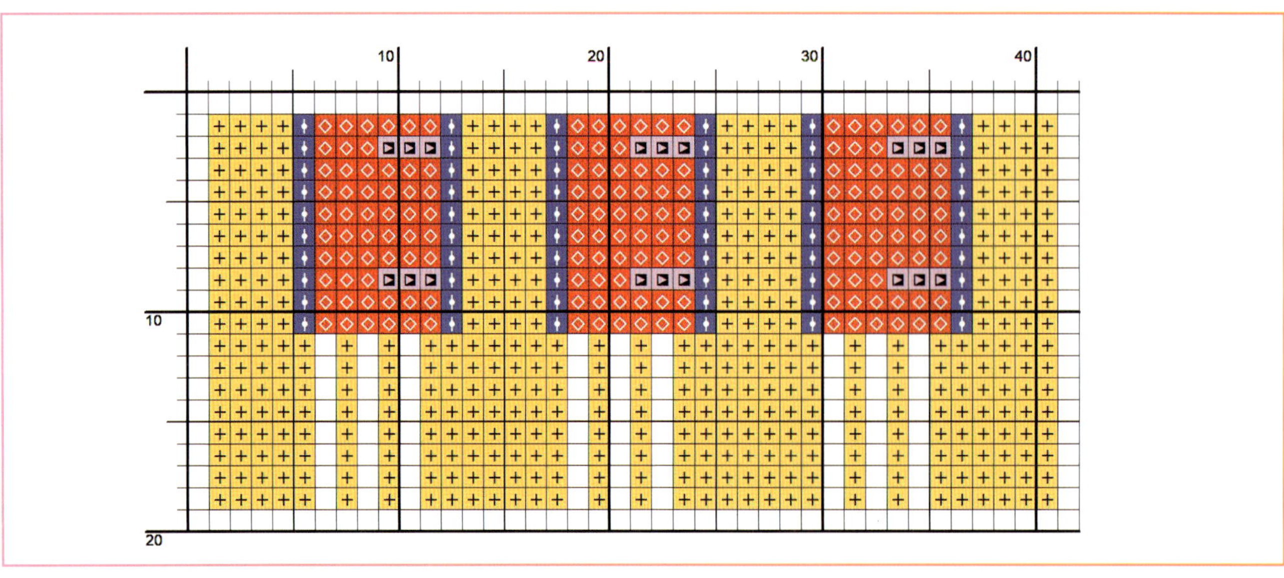

SCHAL MIT GESICHT

MATERIAL

120 g Wolle, wie Elisa Merino 80, LL: 80 m pro 50 g

ANLEITUNG

Das Modell wird in zwei Teilen gearbeitet, weil das Muster so besser zur Geltung kommt.

Das Muster lt. Vorlage arbeiten, anschließend im großen Perlmuster bis zur gewünschten Länge weiterarbeiten – beim gezeigten Modell sind es 67 Reihen.

Anschließend die Maschen auf eine Hilfsnadel schieben und die zweite Seite gleich wie die erste arbeiten. Zuletzt die Maschen der beiden Teile mit einer Stopfnadel miteinander verbinden.

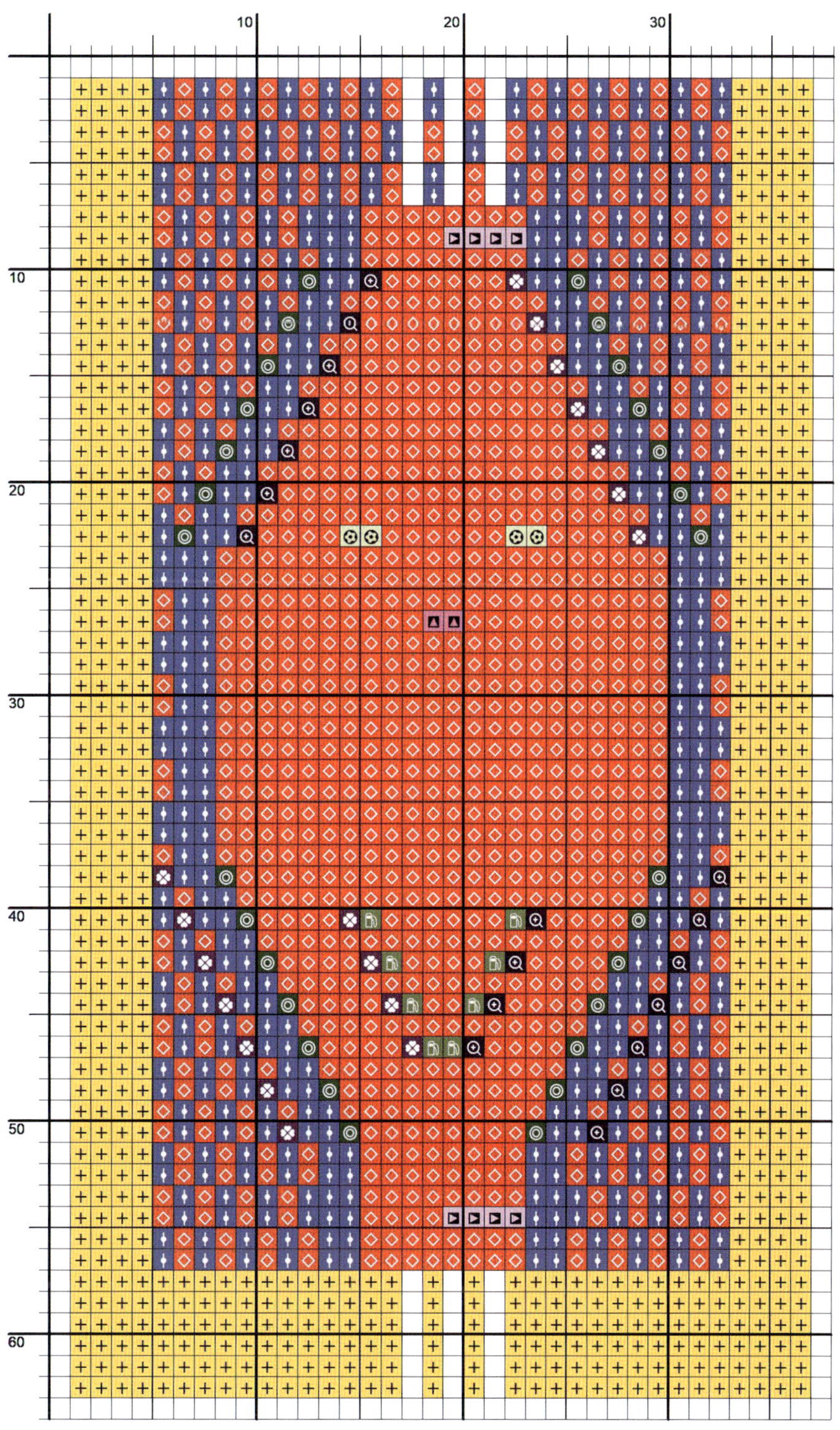
10
20
30
10
20
30
40
50
60

SCHAL IM PATENTMUSTER

MATERIAL

400 g Wolle, wie Elisa Merino 80, LL: 80 m pro 50 g

Tipp!
Das in Streifen geteilte Muster ermöglicht es im Falle eines Fehlers bis zum vorherigen Streifen aus rechten Maschen aufzutrennen, da ein Zurückstricken im Patentmuster relativ viel Erfahrung braucht.

ANLEITUNG

61 Maschen anschlagen und das Muster lt. Vorlage laufend wiederholen – beim gezeigten Modell sind 40 Streifen im Patent gearbeitet.

PATENTMUSTERSTREIFEN

1. Reihe: * 1 Masche und 1 Umschlag rechts abheben, 1 Masche rechts stricken. Ab * bis zum Ende der Reihe wiederholen.

2. bis 8. Reihe: * Die in der Vorreihe gestrickte M mit 1 Umschlag links abheben, den Umschlag und die abgehobene M der Vorreihe rechts zusammenstricken. Ab * fortlaufend wiederholen.

9. Reihe: Die in der Vorreihe abgestrickte M rechts stricken, die abgehobene M und der Umschlag werden ebenfalls rechts abgestrickt.

Zum Schluss 3 Reihen glatt rechts stricken und alle Maschen abketten.

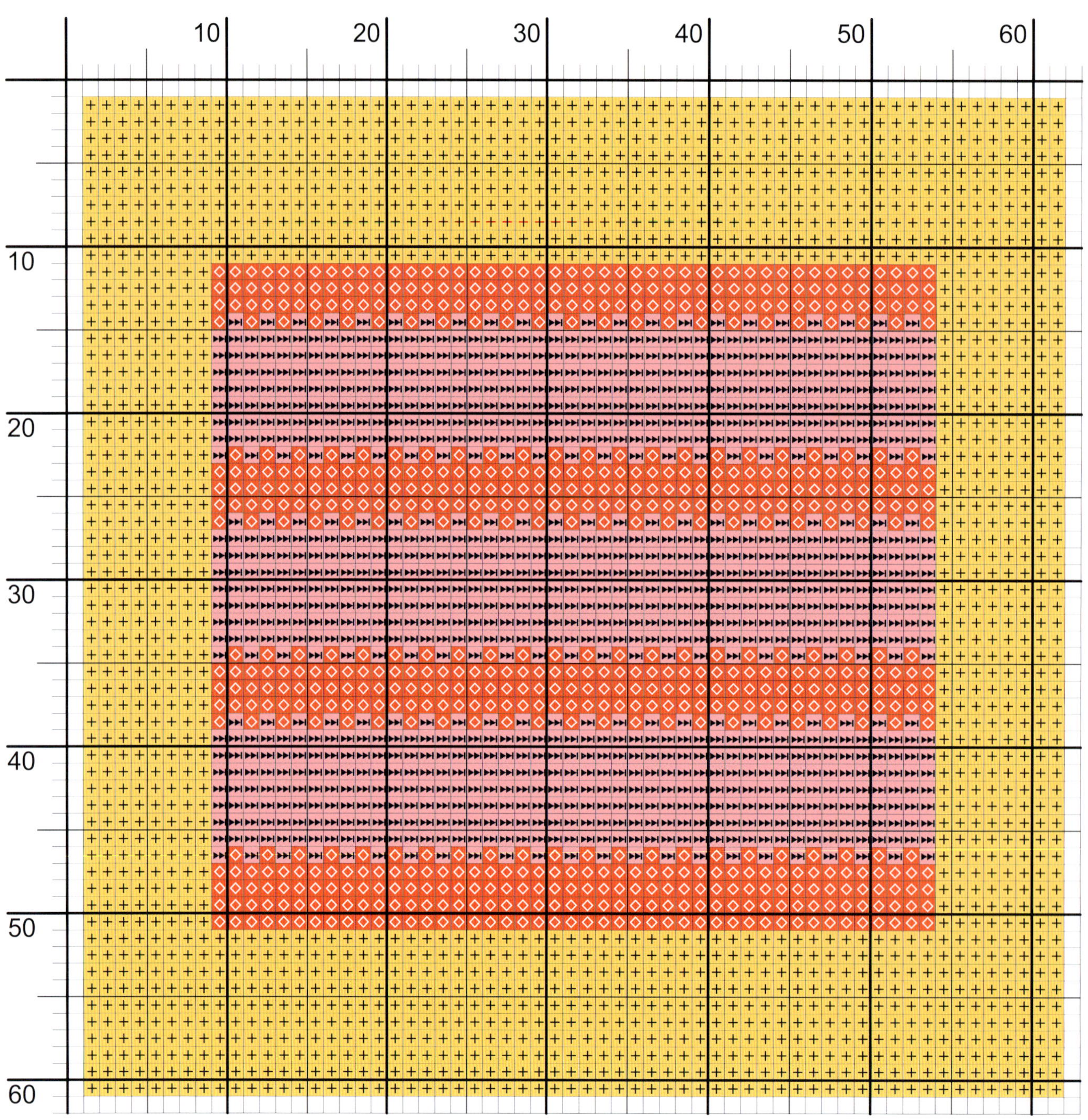

STIRNBAND FÜR ERWACHSENE

MATERIAL

70 g Wolle, wie Elisa Merino 80, LL: 80 m pro 50 g

Dieses Stirnband ist etwas breiter und hält damit extra schön warm.

ANLEITUNG

34 Maschen anschlagen und das Muster lt. Vorlage bis zur gewünschten Länge stricken. Die Maschen abketten und zuletzt die Naht schließen.

Da das Modell längs gestrickt wird, lässt sich die Länge gut anpassen. Gegebenenfalls an einem vorhandenen Modell messen oder dazwischen mal anprobieren.

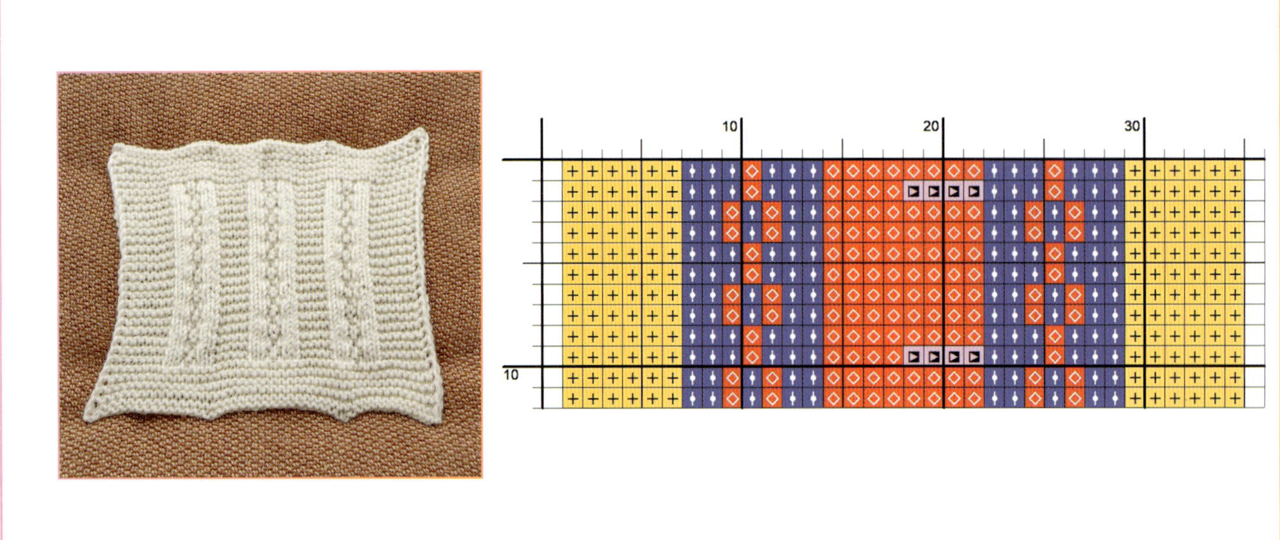

MÜTZE FÜR ERWACHSENE

MATERIAL

150 g Wolle, wie Elisa 80, LL: 80 m pro 50 g, in der Wunschfarbe

Mit dieser Mütze können Sie, je nach Wunschfarbe, allen Mitgliedern Ihrer Verwandtschaft eine große Freude machen – warme Ohren garantiert!

ANLEITUNG

Für eine kleinere Mütze 91, für eine größere 111 Maschen anschlagen und ca. 24 Reihen im Bündchenmuster (1 M rechts, 1 M links) stricken.

Für jeden Zopf jeweils drei Maschen zusätzlich aus dem Querfaden herausstricken und das Muster in der ersten Reihe einteilen. In Reihe 3 erstmalig verzopfen.

Das Muster, wie folgt, stricken: 1 Randmasche, 5 M Bündchenmuster, * 4 M links, Zopf, 4 M links, 9 M Bündchenmuster. Ab * 3- oder 4-Mal wiederholen, 5 M Bündchenmuster, 1 Randmasche. Dies ergibt je nach Größe 4 oder 5 Zöpfe. In der Rückreihe die M stricken, wie sie erscheinen.

Je nach gewünschter Höhe 8- bzw. 9-mal verzopfen.

Zum Abschluss über die nächste Reihe durchgehend jeweils 2 M zusammenstricken, in der Rückreihe die Maschen abstricken, wie sie erscheinen. Über eine weitere Reihe rechte Maschen arbeiten und abketten.

Die restlichen M mit doppeltem Faden zusammenziehen und diesen vernähen. Zuletzt die Seitennaht schließen.

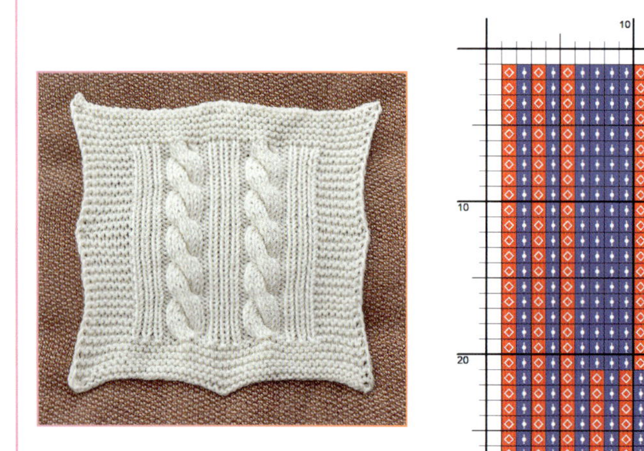

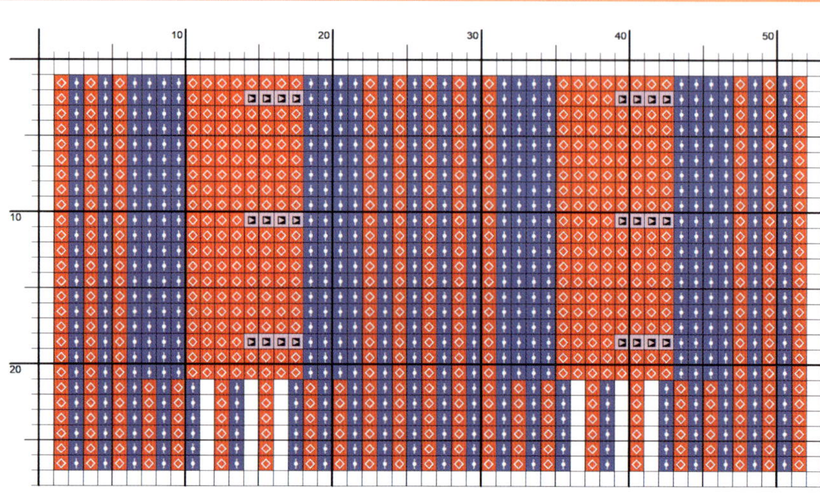

SCHAL IM ZOPFMUSTER

MATERIAL

270 g Wolle, Elisa Merino 80, LL: 80 m pro 50 g

ANLEITUNG

48 Maschen anschlagen und 8 Reihen im Rippenmuster (kraus rechts) stricken.

Dann mit dem Zopfmuster beginnen und bei der Mustereinteilung die Maschen des Zopfstreifens verdoppeln. Dafür jeweils 1 M aus dem Querfaden herausstricken.

Wenn der Schal lang genug ist, mit dem Abschlussbündchen beginnen. Dafür wieder 8 Reihen kraus rechts stricken. In der 1. Reihe des Bündchens die für den Zopf zusätzlich aufgenommenen Maschen wieder abnehmen. Dafür jeweils 2 M zusammenstricken.

Reihe 2 bis 8 kraus rechts stricken und zuletzt die Maschen abketten.

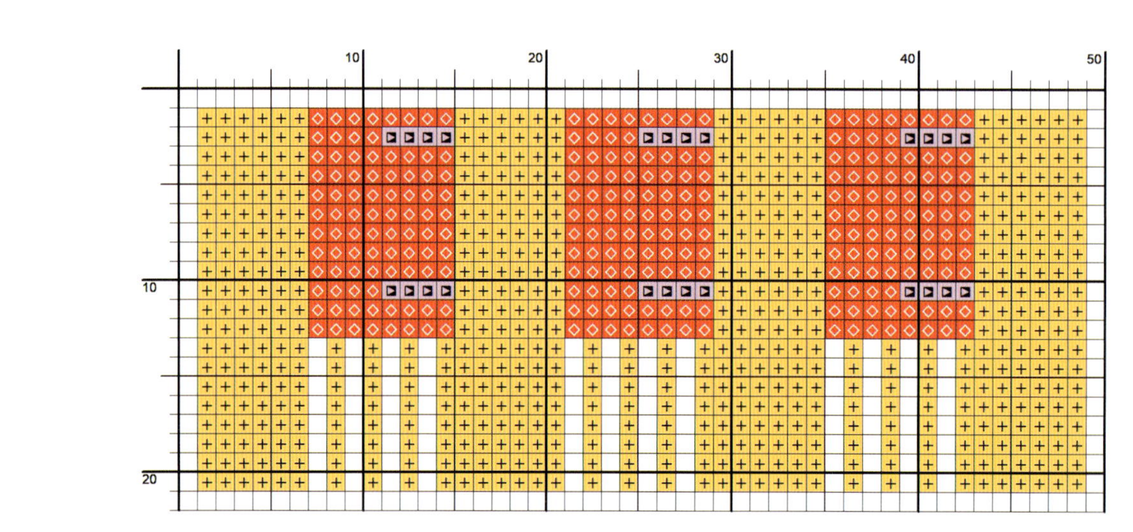

WESTE FÜR DIE GANZE FAMILIE

ANMERKUNGEN

Die gezeigten Modelle lassen sich sehr gut an die tatsächlich gewünschten Maße anpassen, da der Aufbau recht einfach ist.

Grundsätzlich besteht der Rückenteil aus dem großen Perlmuster:

1. Reihe: 1 M rechts, 1 M links.

In Reihe 2 werden die Maschen so abgestrickt, wie sie erscheinen.

Reihe 3: Gegengleich 1 M links, 1 M rechts.

In Reihe 4 werden die Maschen so abgestrickt, wie sie erscheinen.

Reihe 5 wie Reihe 1 usw.

Auf das oft ein wenig fordernde Umstricken der Modelle wird verzichtet, da die Randabschlüsse bereits in die Arbeit integriert sind. Bei den Kindergrößen werden die Borten aus jeweils 6 Maschen, bei den Westen für Erwachsene aus 8 Maschen gemacht. In die Höhe werden 8 bzw. 10 Reihen gestrickt.

weiter auf Seite 34

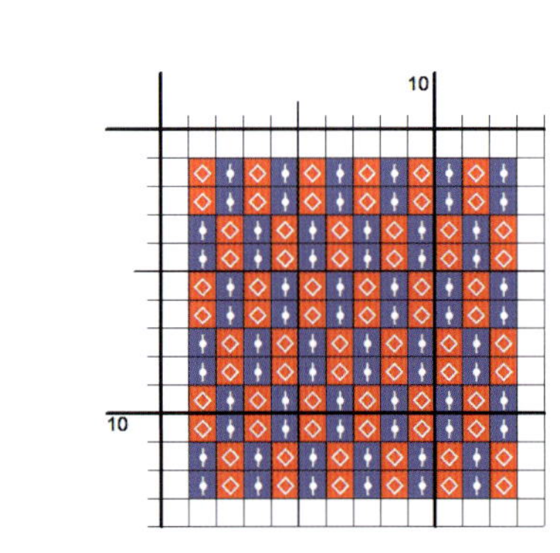

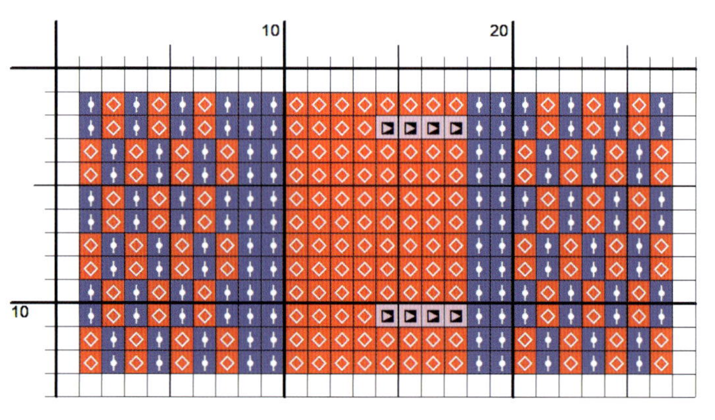

WESTE FÜR DIE GANZE FAMILIE

MUSTEREINTEILUNG

RECHTER VORDERTEIL

Die Kinderwesten beginnen mit 8 Reihen Rippenmuster (kraus rechts), die Westen für Erwachsene mit 10 Reihen, dann folgen Randborte im Rippenmuster (kraus rechts), großes Perlmuster, Zopf, großes Perlmuster.

Ab dem Beginn des Armlochs wird die Randborte im Rippenmuster (kraus rechts) auch an der Außenkante gestrickt. Dann folgen großes Perlmuster, Zopf, großes Perlmuster und nochmals die Randborte im Rippenmuster (kraus rechts).

Für die Kinderjacken werden 6 Maschen, für die Jacken für Erwachsene 8 M im Rippenmuster gestrickt.

LINKER VORDERTEIL

Die Kinderwesten beginnen mit 8 Reihen Rippenmuster (kraus rechts), die Westen für Erwachsene mit 10 Reihen, dann folgen großes Perlmuster, Zopf, großes Perlmuster und Randborte im Rippenmuster (kraus rechts).

Ab dem Beginn des Armlochs wird die Randborte im Rippenmuster (kraus rechts) auch an der Außenkante gestrickt. Dann folgen großes Perlmuster, Zopf, großes Perlmuster und nochmal die Randborte im Rippenmuster (kraus rechts).

Für die Kinderjacken werden 6 Maschen, für die Jacken für Erwachsene 8 M im Rippenmuster gestrickt.

ZOPF

2 M links, die folgenden 4 M rechts stricken und verdoppeln (aus dem Querfaden je 1 M herausstricken) = 8 M, 2 M links.

Alle 8 Reihen, also in der 3., 11., 19., ... Reihe verzopfen.

Vor dem Abketten die für den Zopf aufgenommenen Maschen an den Schulterkanten wieder abnehmen = 4 x 2 M rechts zusammenstricken.

Modell in Rot

MATERIAL

200/250 g Wolle, wie Elisa Merino 80, LL: 80 m pro 50 g

Für 2/4 Jahre oder 92/104 cm Körpergröße

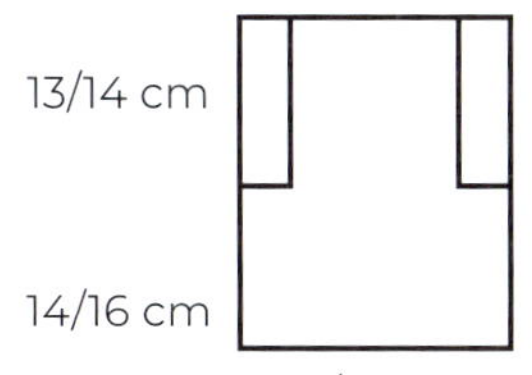

ANLEITUNG

RÜCKENTEIL

61/65 Maschen anschlagen. 8 Reihen im Rippenmuster (kraus rechts) und 14/16 cm im großen Perlmuster stricken, ab dann an den Außenkanten die ersten und letzten 6 M im Rippenmuster (kraus rechts) arbeiten. Nach 27/30 cm oder bei der Wunschlänge die Maschen abketten.

EINTEILUNG FÜR DEN RECHTEN VORDERTEIL

34/38 Maschen anschlagen und 8 Reihen im Rippenmuster (kraus rechts) stricken. Danach 6 M für die Randborte im Rippenmuster (kraus rechts), 9/11 M großes Perlmuster, Zopf, 13/15 M großes Perlmuster stricken.

Etwa ab dem Beginn des Armausschnitts (Höhe ca. 14/16 cm) an der Außenseite ebenso 6 M im Rippenmuster (kraus rechts) stricken.

Nun auch ca. alle 4 Reihen 2 M des Perlmusters, die direkt an die Innenborte grenzen, für die Abnahme zusammenstricken, um den V-Ausschnitt zu arbeiten.

Vor dem Abketten die für den Zopf aufgenommenen Maschen an der Schulterkante wieder abnehmen = 4 x 2 M rechts zusammenstricken.

Nach 27/30 cm oder bei der Wunschlänge die Maschen abketten.

EINTEILUNG FÜR DEN LINKEN VORDERTEIL

34/38 Maschen anschlagen und 8 Reihen im Rippenmuster (kraus rechts) stricken. Danach 13/15 M großes Perlmuster, Zopf, 9/11 M großes Perlmuster, 6 M für den Rand stricken.

Etwa ab dem Beginn des Armausschnitts (Höhe ca. 14/16 cm) an der Außenseite ebenso 6 M im Rippenmuster (kraus rechts) stricken.

Nun auch ca. alle 4 Reihen 2 M des Perlmusters, die direkt an die Innenborte grenzen, für die Abnahme zusammenstricken, um den V-Ausschnitt zu arbeiten.

Vor dem Abketten die für den Zopf aufgenommenen Maschen an der Schulterkante wieder abnehmen = 4 x 2 M rechts zusammenstricken.

Nach 27/30 cm oder bei der Wunschlänge die Maschen abketten.

Modell in Grün

MATERIAL

250 g Wolle, wie Elisa Merino 80, LL: 80 m pro 50 g

Für 6/8 Jahre oder 116/128 cm Körpergröße

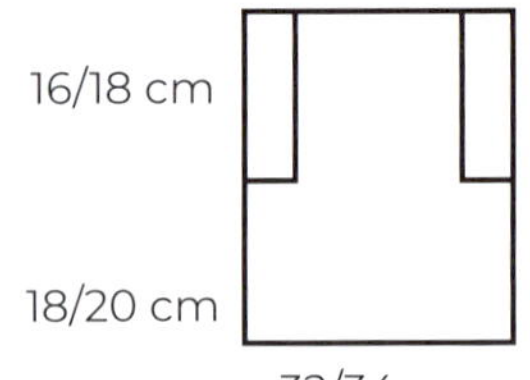

ANLEITUNG

RÜCKENTEIL

69/75 Maschen anschlagen und 8 Reihen im Rippenmuster (kraus rechts) stricken.

Danach das große Perlmuster stricken und nach 18/20 cm an beiden Seiten die ersten und letzten 6 Maschen im Rippenmuster (kraus rechts) für das Bündchen stricken.

Nach 34/38 cm Gesamtlänge die Maschen abketten.

EINTEILUNG FÜR DEN RECHTEN VORDERTEIL

42/46 Maschen anschlagen.

8 Reihen Rippenmuster (kraus rechts).

Danach 6 M Rippenmuster (kraus rechts), 11/15 M großes Perlmuster, Zopf, 17/21 M großes Perlmuster stricken.

Etwa ab dem Beginn des Armausschnitts (Höhe ca. 18/20 cm) an der Außenseite ebenso 6 M im Rippenmuster (kraus rechts) stricken.

Nun auch ca. alle 4 Reihen 2 M des Perlmusters, die direkt an die Innenborte grenzen, für die Abnahme zusammenstricken, um den V-Ausschnitt zu arbeiten.

Vor dem Abketten die für den Zopf aufgenommenen Maschen an der Schulterkante wieder abnehmen = 4 x 2 M rechts zusammenstricken.

Nach 34/38 cm oder bei der Wunschlänge die Maschen abketten.

EINTEILUNG FÜR DEN LINKEN VORDERTEIL

42/46 Maschen anschlagen.

8 Reihen Rippenmuster (kraus rechts).

Danach 17/21 M großes Perlmuster, Zopf, 11/15 M großes Perlmuster und 6 M Rippenmuster (kraus rechts) stricken.

Etwa ab dem Beginn des Armausschnitts (Höhe ca. 18/20 cm) an der Außenseite ebenso 6 M im Rippenmuster (kraus rechts) stricken.

Nun auch ca. alle 4 Reihen 2 M des Perlmusters, die direkt an die Innenborte grenzen, für die Abnahme zusammenstricken, um den V-Ausschnitt zu arbeiten.

Vor dem Abketten die für den Zopf aufgenommenen Maschen an der Schulterkante wieder abnehmen = 4 x 2 M rechts zusammenstricken.

Nach 34/38 cm oder bei der Wunschlänge die Maschen abketten.

Modell in Blau

MATERIAL

300/350 g Wolle, wie Elisa Merino 80, LL: 80 m pro 50 g

10/12 Jahre oder ca. 140/152 cm Körpergröße

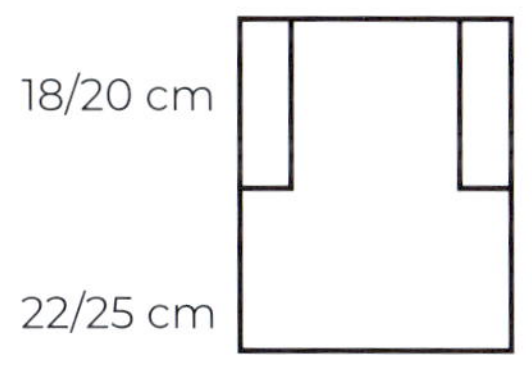

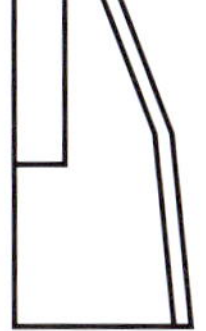

ANLEITUNG

RÜCKENTEIL

81/85 Maschen anschlagen und 8 Reihen im Rippenmuster (kraus rechts) stricken.

Danach das große Perlmuster stricken und nach 22/25 cm an beiden Seiten die ersten und letzten 6 Maschen im Rippenmuster (kraus rechts) für das Bündchen stricken.

Nach 40/45 cm Gesamtlänge die Maschen abketten.

EINTEILUNG FÜR DEN RECHTEN VORDERTEIL

50/54 Maschen anschlagen und 8 Reihen im Rippenmuster (kraus rechts) arbeiten.

Danach 6 M Rippenmuster (kraus rechts), 13/17 M großes Perlmuster, Zopf, 23 M großes Perlmuster stricken.

Etwa ab dem Beginn des Armausschnitts (Höhe ca. 22/25 cm) an der Außenseite ebenso 6 M im Rippenmuster (kraus rechts) stricken.

Nun auch ca. alle 4 Reihen 2 M des Perlmusters, die direkt an die Innenborte grenzen, für die Abnahme zusammenstricken, um den V-Ausschnitt zu arbeiten.

Vor dem Abketten die für den Zopf aufgenommenen Maschen an der Schulterkante wieder abnehmen = 4 x 2 M rechts zusammenstricken.

Nach 40/45 cm oder bei der Wunschlänge die Maschen abketten.

EINTEILUNG FÜR DEN LINKEN VORDERTEIL

50/54 Maschen anschlagen und 8 Reihen im Rippenmuster (kraus rechts) arbeiten.

Danach, 23 M großes Perlmuster, Zopf, 13/17 M großes Perlmuster und 6 M Rippenmuster (kraus rechts) stricken.

Etwa ab dem Beginn des Armausschnitts (Höhe ca. 22/25 cm) an der Außenseite ebenso 6 M im Rippenmuster (kraus rechts) stricken.

Nun auch ca. alle 4 Reihen 2 M des Perlmusters, die direkt an die Innenborte grenzen, für die Abnahme zusammenstricken, um den V-Ausschnitt zu arbeiten.

Vor dem Abketten die für den Zopf aufgenommenen Maschen an der Schulterkante wieder abnehmen = 4 x 2 M rechts zusammenstricken.

Nach 40/45 cm oder bei der Wunschlänge die Maschen abketten.

Modell, gelb, mit Schalkragen

MATERIAL

500/550 g Wolle, wie Elisa Merino 80, LL: 80 m pro 50 g

Größe S/M

ANLEITUNG

RÜCKENTEIL
89/97 Maschen anschlagen und 10 Reihen Rippenmuster (kraus rechts) stricken, in der letzten Reihe ca. 12 Maschen aus dem Querfaden herausstricken.

Über 36 cm oder die Wunschlänge das große Perlmuster arbeiten, dann über 8 Maschen links und rechts den seitlichen Abschluss im Rippenmuster (kraus rechts) arbeiten und weitere 22 cm stricken.

Bei ca. 58 cm Höhe für die Schulterschräge 3 x in jeder zweiten Reihe an der Außenseite 12 Maschen abketten.

Zuletzt alle Maschen abketten. Die Gesamthöhe liegt bei etwa 60 cm.

EINTEILUNG FÜR DEN RECHTEN VORDERTEIL
58/62 Maschen anschlagen und 8 Reihen im Rippenmuster (kraus rechts) arbeiten.

Danach 8 M im Rippenmuster (kraus rechts), 17/19 M großes Perlmuster, Zopf, 25/29 M großes Perlmuster stricken.

Etwa ab dem Beginn des Armausschnitts (Höhe ca. 36 cm) an der Außenseite ebenso 8 M im Rippenmuster (kraus rechts) stricken.

Nun auch ca. alle 4 Reihen 2 M des Perlmusters, die direkt an die Innenborte grenzen, für die Abnahme zusammenstricken, um den V-Ausschnitt zu arbeiten.

Bei ca. 58 cm Gesamthöhe für die Schulterschräge 3 x in jeder zweiten Reihe an der Außenseite 12 Maschen abketten.

Vor dem Abketten die für den Zopf aufgenommenen Maschen an den Schulterkanten wieder abnehmen = 4 x 2 M rechts zusammenstricken.

Zuletzt alle Maschen abketten bis auf die 8 Maschen der inneren Borte. Die Gesamthöhe liegt bei etwa 60 cm.

Die 8 Maschen der Innenkante noch ca. 10 cm weiterstricken und anschließend die Maschen stilllegen. Die beiden Teile des Schalkragens werden beim Zusammennähen dann entlang der Oberkante der

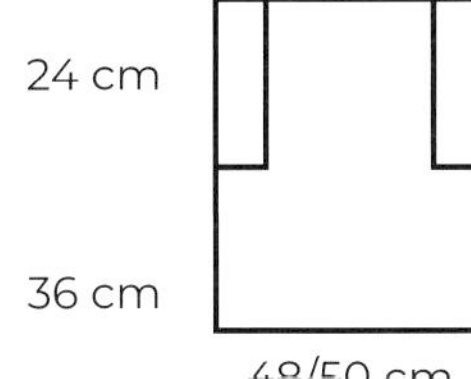

Rückseite fest- und in der Mitte zusammengenäht. Nach dem Schließen der Nähte erkennt man erst, ob noch weitere Reihen notwendig sind oder evtl. schon zu viele gestrickt wurden. Wenn nötig, ausgleichen und die Maschen mit einer dicken Nadel verbinden. Wichtig! Nicht vorher abketten!

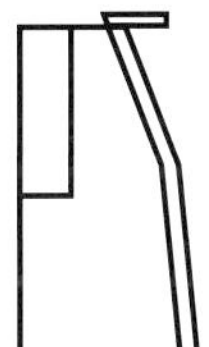

EINTEILUNG FÜR DEN LINKEN VORDERTEIL

58/62 Maschen anschlagen und 8 Reihen im Rippenmuster (kraus rechts) arbeiten.

Danach 25/29 M großes Perlmuster, Zopf, 17/19 M großes Perlmuster und 8 M im Rippenmuster (kraus rechts) stricken.

Etwa ab dem Beginn des Armausschnitts (Höhe ca. 36 cm) an der Außenseite ebenso 8 M im Rippenmuster (kraus rechts) stricken.

Nun auch ca. alle 4 Reihen 2 M des Perlmusters, die direkt an die Innenborte grenzen, für die Abnahme zusammenstricken, um den V-Ausschnitt zu arbeiten.

Bei ca. 58 cm Gesamthöhe für die Schulterschräge 3 x in jeder zweiten Reihe an der Außenseite 12 Maschen abketten.

Vor dem Abketten die für den Zopf aufgenommenen Maschen an den Schulterkanten wieder abnehmen = 4 x 2 M rechts zusammenstricken.

Zuletzt alle Maschen abketten bis auf die 8 Maschen der inneren Borte. Die Gesamthöhe liegt bei etwa 60 cm.

Die 8 Maschen der Innenkante noch ca. 10 cm weiterstricken und anschließend die Maschen stilllegen. Die beiden Teile des Schalkragens werden beim Zusammennähen dann entlang der Oberkante der Rückseite fest- und in der Mitte zusammengenäht. Nach dem Schließen der Nähte erkennt man erst, ob noch weitere Reihen notwendig sind oder evtl. schon zu viele gestrickt wurden. Wenn nötig, ausgleichen und die Maschen mit einer dicken Nadel verbinden. Wichtig! Nicht vorher abketten!

Modell in Grau

MATERIAL

650/700 g Wolle, wie Elisa Merino 80, LL: 80 m pro 50 g

Größe M/XL

ANLEITUNG

RÜCKENTEIL

99/107 Maschen anschlagen und 10 Reihen im Rippenmuster (kraus rechts) stricken. In der letzten dieser Reihen aus dem Querfaden zwölf Maschen zunehmen. 43 cm oder Wunschlänge im großen Perlmuster stricken, dann an den Außenseiten mit der Randborte über 8 Maschen im Rippenmuster (kraus rechts) beginnen.

Nach weiteren 25 cm (= 2 cm vor der Schulterschräge bzw. 12 Reihen vor dem Abketten) für den hinteren Halsausschnitt 9 Maschen mittig abketten. Die beiden Teile werden dann getrennt voneinander fertiggestellt. Weiters auf beiden Seiten innen einmal 3 Maschen und zweimal 2 Maschen abketten.

6 Reihen vor dem Abketten mit der Schulterschräge beginnen. Dafür 3 x in jeder zweiten Reihe an der Außenseite 12 Maschen abketten.

Zuletzt alle Maschen abketten. Die Gesamthöhe beträgt ca. 70 cm.

EINTEILUNG FÜR DEN RECHTEN VORDERTEIL

62/70 Maschen anschlagen und 10 Reihen im Rippenmuster (kraus rechts) arbeiten.

Danach 8 M im Rippenmuster (kraus rechts), 19/23 M großes Perlmuster, Zopf, 29/33 M großes Perlmuster stricken.

Etwa ab dem Beginn des Armausschnitts (Höhe ca. 43 cm) an der Außenseite ebenso 8 M im Rippenmuster (kraus rechts) stricken.

Nun auch ca. alle 4 Reihen 2 M des Perlmusters, die direkt an die Innenborte grenzen, für die Abnahme zusammenstricken, um den V-Ausschnitt zu arbeiten.

Bei ca. 58 cm Gesamthöhe für die Schulterschräge 3 x in jeder zweiten Reihe an der Außenseite 12 Maschen abketten.

Vor dem Abketten die für den Zopf aufgenommenen Maschen an den Schulterkanten wieder abnehmen = 4 x 2 M rechts zusammenstricken.

Zuletzt alle Maschen abketten bis auf die 8 Maschen der inneren Borte.

Die 8 Maschen der Innenkante noch ca. 10 cm weiterstricken und anschließend die Maschen stilllegen. Die beiden Teile des Schalkragens werden beim Zusammennähen dann entlang der Oberkante der

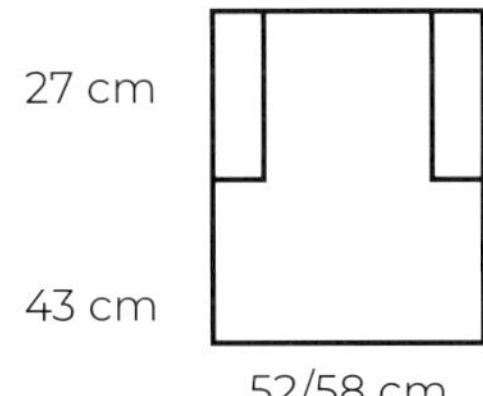

Rückseite fest- und in der Mitte zusammengenäht. Nach dem Schließen der Nähte erkennt man erst, ob noch weitere Reihen notwendig sind oder evtl. schon zu viele gestrickt wurden. Wenn nötig, ausgleichen und die Maschen mit einer dicken Nadel verbinden. Wichtig! Nicht vorher abketten!

EINTEILUNG FÜR DEN LINKEN VORDERTEIL

62/70 Maschen anschlagen und 10 Reihen im Rippenmuster (kraus rechts) arbeiten.

Danach 29/32 M großes Perlmuster, Zopf, 19/23 M großes Perlmuster und 8 M im Rippenmuster (kraus rechts) stricken.

Etwa ab dem Beginn des Armausschnitts (Höhe ca. 36 cm) an der Außenseite ebenso 8 M im Rippenmuster (kraus rechts) stricken.

Nun auch ca. alle 4 Reihen 2 M des Perlmusters, die direkt an die Innenborte grenzen, für die Abnahme zusammenstricken, um den V-Ausschnitt zu arbeiten.

Bei ca. 58 cm Gesamthöhe für die Schulterschräge 3 x in jeder zweiten Reihe an der Außenseite 12 Maschen abketten.

Vor dem Abketten die für den Zopf aufgenommenen Maschen an den Schulterkanten wieder abnehmen = 4 x 2 M rechts zusammenstricken.

Zuletzt alle Maschen abketten bis auf die 8 Maschen der inneren Borte. Die Gesamthöhe liegt bei etwa 60 cm.

Die 8 Maschen der Innenkante noch ca. 10 cm weiterstricken und anschließend die Maschen stilllegen. Die beiden Teile des Schalkragens werden beim Zusammennähen dann entlang der Oberkante der Rückseite fest- und in der Mitte zusammengenäht. Nach dem Schließen der Nähte erkennt man erst, ob noch weitere Reihen notwendig sind oder evtl. schon zu viele gestrickt wurden. Wenn nötig, ausgleichen und die Maschen mit einer dicken Nadel verbinden. Wichtig! Nicht vorher abketten!

DEKO

NACKEN-ROLLE

MATERIAL

150 g Wolle, wie Elisa 80, LL: 80 m pro 50 g

1 fertige Füllung in Standardgröße 20 x 40 cm

ANLEITUNG

32 Maschen anschlagen. 10 Reihen im Rippenmuster (kraus rechts) stricken.

Dann folgt 1 Lochreihe: * 1 Umschlag, 2 M rechts zusammenstricken. Ab * bis zum Ende der Reihe wiederholen. Durch diese Lochreihe wird später ein Doppelfaden gezogen, um die Nackenrolle zu verschließen.

2 weitere Reihen im Rippenmuster (kraus rechts) stricken.

In der nächsten Reihe jede M verdoppeln – das ergibt 62 Maschen. In der Rückreihe alle M links stricken.

2 weitere Reihen im Rippenmuster (kraus rechts) stricken.

In der nächsten Reihe jede 2. M verdoppeln – ergibt 92 M. In der Rückreihe wie bei der ersten Zunahme alle Maschen links stricken.

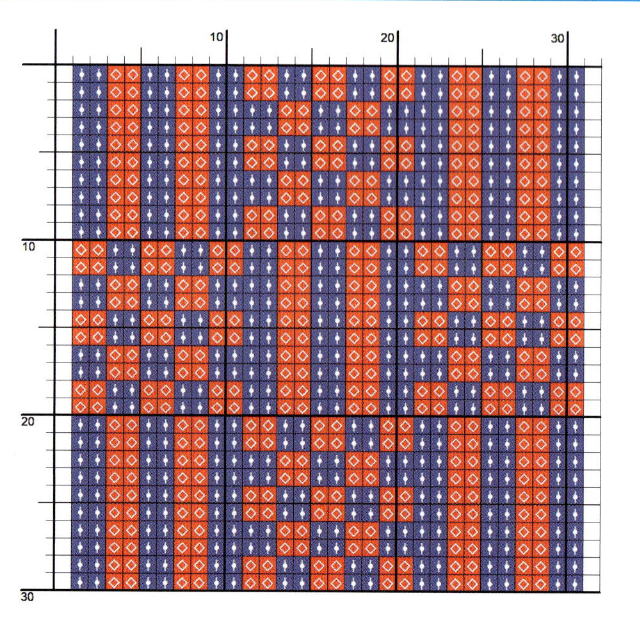

2 weitere Reihen im Rippenmuster (kraus rechts) stricken.

Nun mit dem Muster lt. Vorlage beginnen. 4 x den Mustersatz zu je 20 Reihen und nochmal einen halben Mustersatz von 10 Reihen stricken.

Das Modell im Rippenmuster gegengleich beenden:

2 Reihen im Rippenmuster (kraus rechts).

Danach über eine Reihe 2 M zusammenstricken, 1 normal abstricken = 60 Maschen und 2 Randmaschen.

2 Reihen im Rippenmuster (kraus rechts).

Nächste Reihe: RM, 30-mal zwei M zusammenstr, RM = 32 M.

2 Reihen im Rippenmuster (kraus rechts).

Dann folgt die Lochreihe: * 1 Umschlag, 2 M rechts zusammenstricken. Ab * bis zum Ende der Reihe wiederholen. Durch diese Lochreihe wird später ein Doppelfaden gezogen, um die Nackenrolle zu verschließen.

10 Reihen im Rippenmuster (kraus rechts).

Zuletzt alle Maschen abketten.

Die Naht schließen, ungefähr nach zwei Dritteln das Nackenkissen einlegen und die restliche Länge zusammennähen.

Durch die beiden Lochreihen Doppelfäden durchfädeln und fest zusammenziehen.

STRICK-POLSTER

MATERIAL

300 g Wolle, wie Elisa Merino 80, LL: 80 m pro 50 g

1 Füllung, ca. 40 x 40 cm

ANLEITUNG

85 Maschen anschlagen und 10 Reihen im Rippenmuster (kraus rechts) stricken.

Einteilung: 8 M Rippenmuster, 15 M großes Perlmuster, 4 M links, 4 M Zopfmuster, dafür jeweils aus dem Querfaden 1 M herausstricken = 8 M, 4 M links, 15 M für das Karomuster als Mittelteil (siehe Vorlage ab dem Zopfmuster), 4 M links, 4 M Zopfmuster, dafür jeweils aus dem Querfaden 1 M herausstricken = 8 M, 4 M links, 15 M großes Perlmuster, 8 M Rippenmuster.

Nach 84 Musterreihen nochmal 10 Reihen Rippenmuster (kraus rechts), dabei in der ersten dieser Reihen die für die Zöpfe aufgenommenen M wieder abnehmen (2 M rechts zusammenstricken).

Zuletzt alle Maschen abketten.

Nach Wunsch den Rückenteil im gleichen Muster arbeiten. Die beiden Teile zusammennähen oder zusammenhäkeln, aber an der Unterkannte eine Öffnung lassen. Dort das Kissen einlegen und auch diese Naht schließen, am besten mit einem Extrafaden, dann kann das Innenkissen für eine Wäsche auch gut wieder herausgenommen werden.

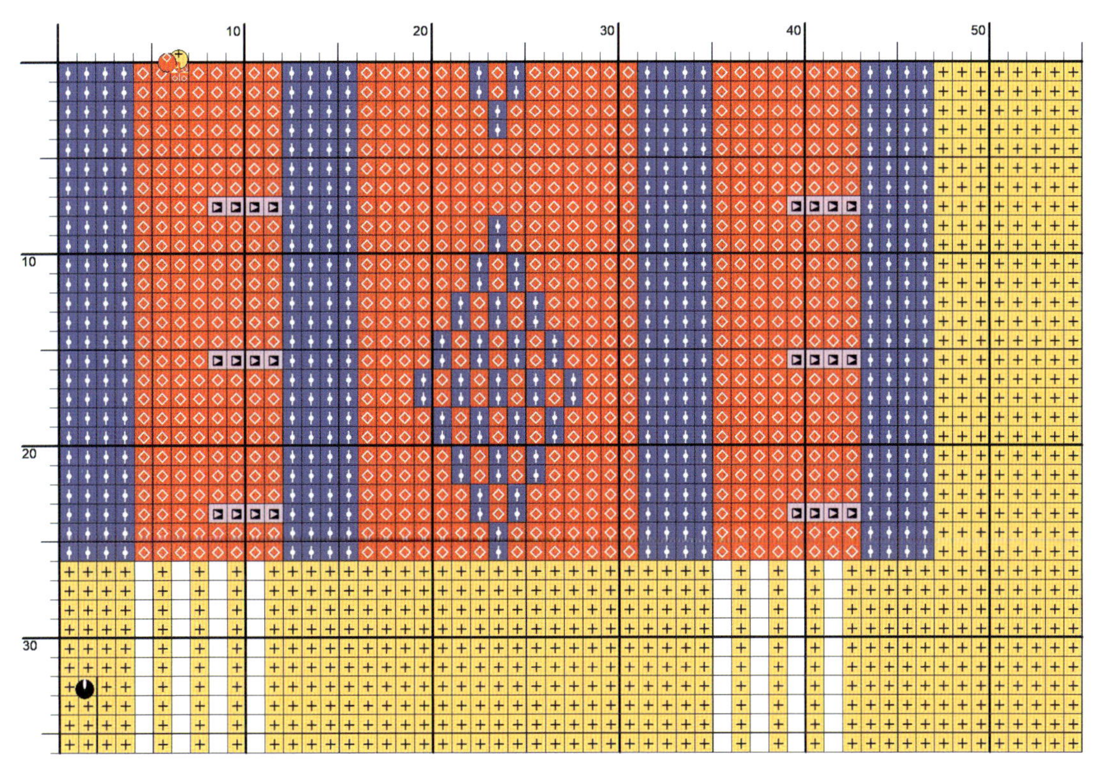
10
20
30
40
50
10
20
30

DUFT-KISSEN

MATERIAL

40 g Wolle, wie Elisa Merino 80, LL: 80 m pro 50 g

Füllwatte

Häkelnadel Nr. 3

ANLEITUNG

29 Maschen anschlagen und nach der Vorlage stricken.

Nach 35 Reihen die Maschen abketten und die Teile zusammenhäkeln oder zusammennähen

NOPPE

Die Masche auf die Häkelnadel nehmen, zwei Reihen tiefer einen Punkt auswählen und dort 6 zusammen abgemaschte Stäbchen arbeiten. Diese etwas zusammendrücken und mit einer Kettmasche fixieren. Anschließend die Schlinge auf die rechte Stricknadel zurückschieben. Diese Schlinge ersetzt das Abstricken der Masche und Sie können weiter im Muster stricken.

Dieses Duftkissen passt sehr gut als kleines Geschenk oder für den eigenen Schrank! Es eignet sich auch gut als Ersatz für eine Maschenprobe, wenn Sie ein Modell in vorgegebener Größe planen. Wer mag, kann sogar einen Teil waschen und den anderen vorerst ungewaschen lassen und im Anschluss abmessen. Dann erkennen Sie sogar etwaige Änderungen durch die Wäsche.

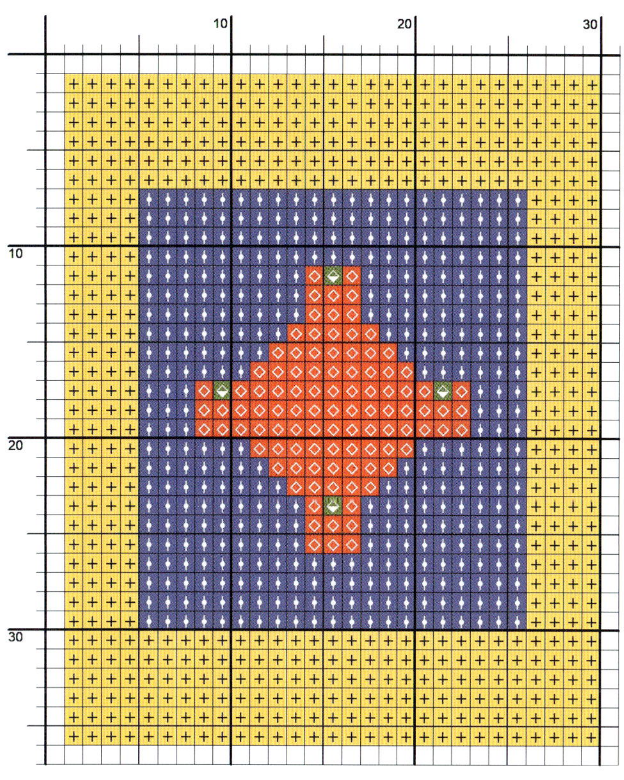
10
20
30
10
20
30

KLEINES KISSEN

MATERIAL

100 g Wolle, wie Elisa Merino 80, LL: 80 m pro 50 g

1 kleines Kissen, ca. 25 x 25 cm

ANLEITUNG

47 Maschen anschlagen und das Muster lt. Vorlage arbeiten.

Die Rückseite entweder wie die Vorderseite stricken oder durchgehend im Rippenmuster, das auch auf der Vorderseite an den Rändern ist. Zuletzt die Teile zusammennähen oder zusammenhäkeln. Bevor die vierte Seite verschlossen wird, das Füllkissen einlegen.

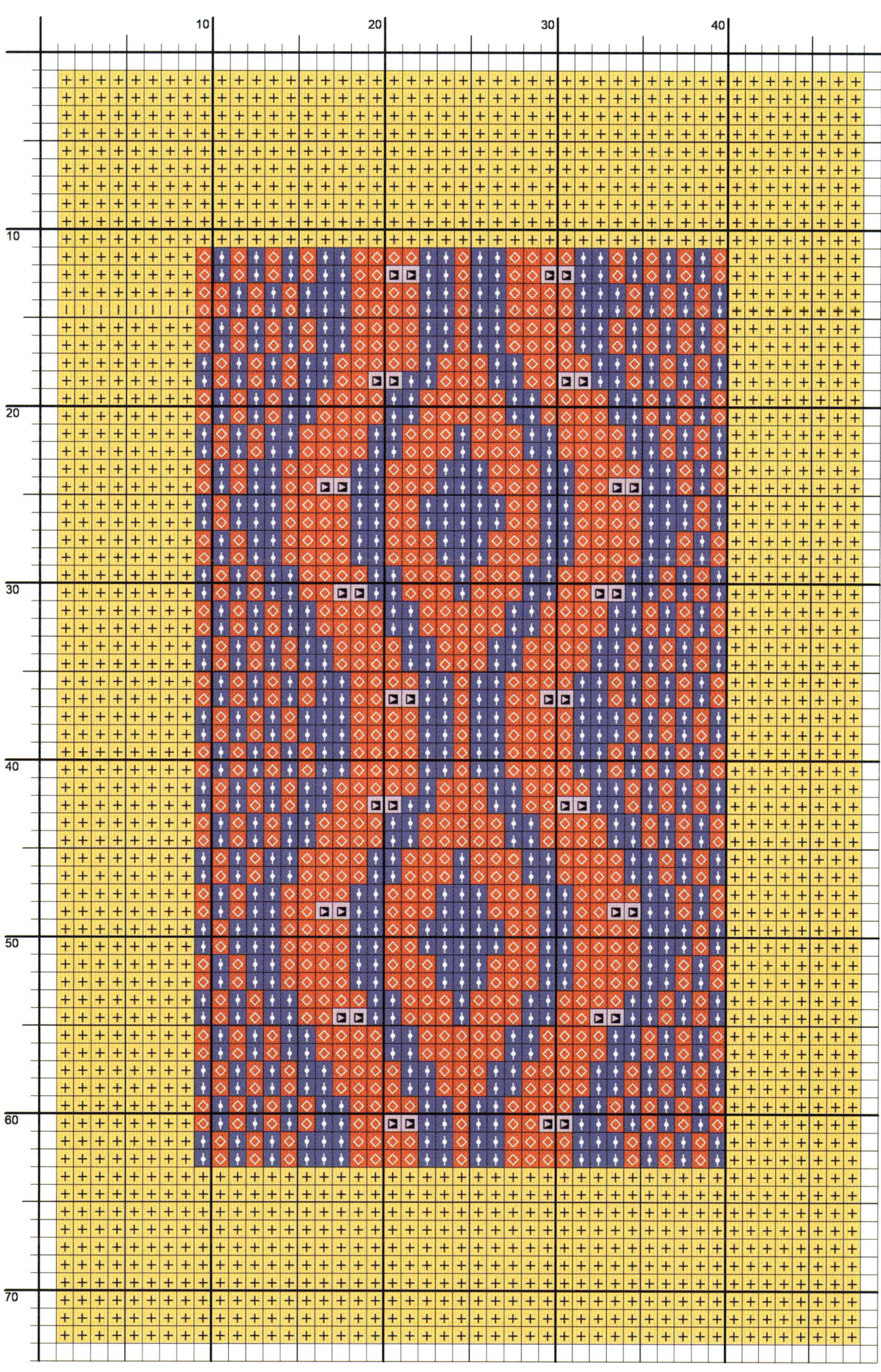

TOPF-LAPPEN

MATERIAL

50 g dicke Wolle, wie Elisa Merino 5, LL: 110 m auf 100 g

ANLEITUNG

35 Maschen anschlagen und das Muster lt. Vorlage stricken.

Die Maschen abketten, den Faden aber nicht sofort abschneiden, sondern zuletzt aus ca. 10 Luftmaschen eine Aufhänge-Schlaufe häkeln.

Die Schlaufe mit einer Kettmasche am Topflappen befestigen und den Faden vernähen.

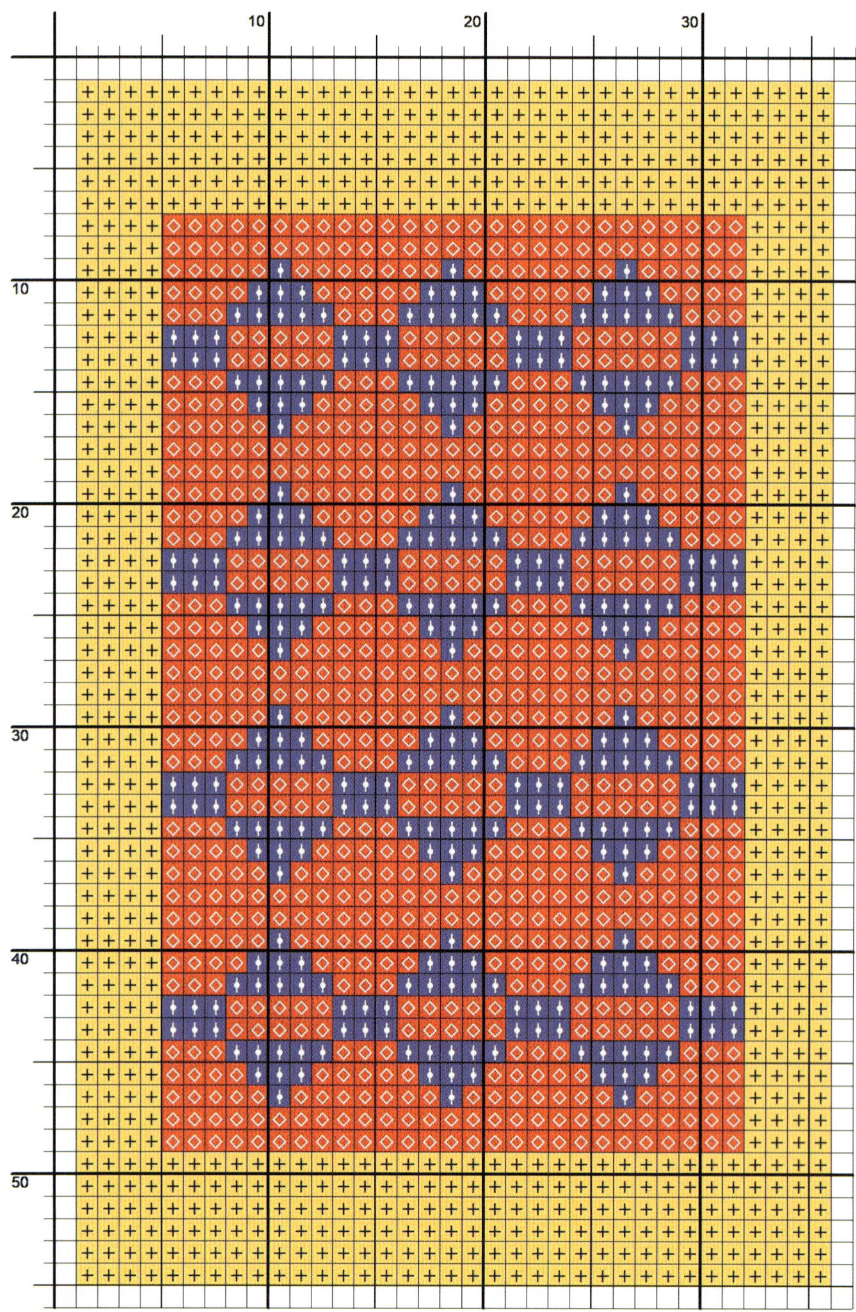

GLAS, GROSS

MATERIAL

20 g Wolle, wie Elisa 80, LL: 80 m pro 50 g

1 Glas, Umfang ca. 24 cm

ANLEITUNG

44 Maschen anschlagen, anschließend 2 Reihen Bündchenmuster (1 M rechts, 1 M links) arbeiten.

Um mit dem Muster zu beginnen, stricken Sie noch 7 Maschen im Bündchenmuster. Dann das Muster lt. Vorlage stricken und die Reihe mit weiteren 7 Maschen im Längsrippenmuster beenden.

Zuletzt am oberen Rand nochmals ein Längsrippenbündchen wie zu Beginn arbeiten, die Maschen abketten und zuletzt die rückwärtige Naht verschließen.

Die Arbeit soll relativ fest am Glas sitzen, dadurch hält sie besser und das Muster kommt auch schöner zur Geltung.

Wer locker strickt kann das Modell auch früher beenden, weil die kurzen Mustersätze das gut ermöglichen.

Falls das Strickstück ein wenig zu locker ausfällt, bleibt die Möglichkeit, am unteren und oberen Rand eine Runde feste Maschen zu arbeiten. Dabei einige Maschen überspringen, so wird das Stück etwas enger.

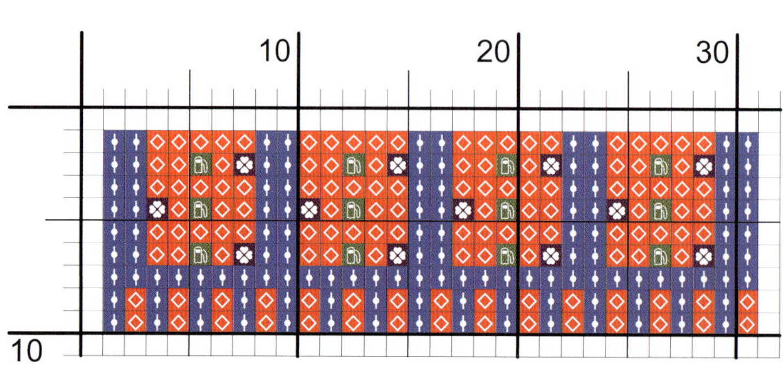

GLAS, KLEIN

MATERIAL

25 g Wolle, wie Elisa Merino 80, LL: 80 m pro 50 g

ANLEITUNG

35 Maschen anschlagen, das Muster lt. Vorlage stricken.

Die Maschen abketten und zuletzt die rückwärtige Naht verschließen.

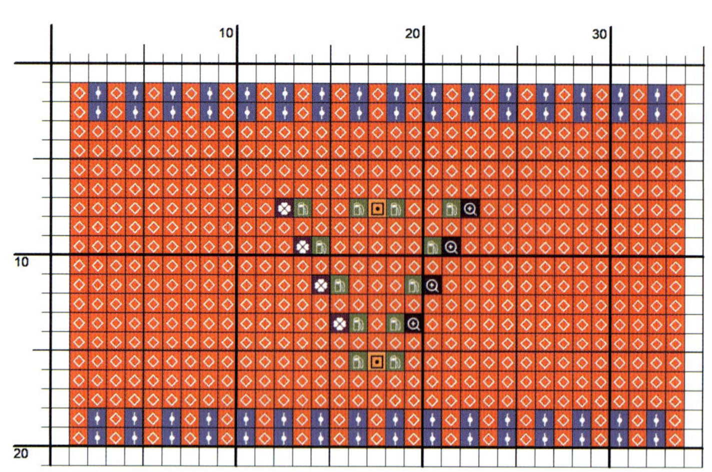

SERVIETTEN-RING

MATERIAL

ca. 15 g Wolle, wie Elisa Merino 80, LL: 80 m pro 50 g

ein fertiger oder aus einem Stück Pappe selbstgefertigter Serviettenring

ANLEITUNG

29 Maschen anschlagen und das Muster lt. Vorlage arbeiten, bis die gewünschte Länge erreicht ist. Die Maschen abketten, um den Serviettenring herumlegen und die Naht verschließen.

Falls die Arbeit zu locker sitzt, gibt es die Möglichkeit, unten und oben eine Reihe feste Maschen anzuhäkeln und dabei einige Maschen zu überspringen, so kann der Umfang ein wenig reduziert werden.

Der Serviettenring ist eine perfekte Restverwertung. Fertiggestellt ist er ein toller Blickfang auf jeder Party.

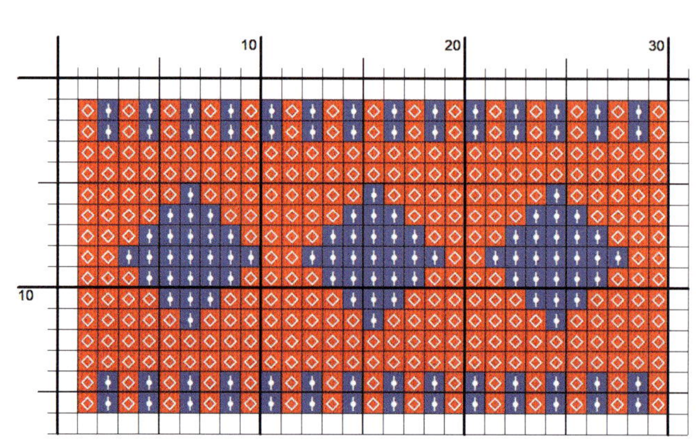

HÄNGESAMM-LER ODER TOPFLAPPEN

MATERIAL

50 g dicke Wolle, wie Elisa Merino 55, LL: 110 m auf 100 g

Der Hängesammler eignet sich als dekoratives Geschenk für die Küche.

ANLEITUNG

21 Maschen anschlagen, danach 6 Reihen im Bündchenmuster (1 M rechts, 1 M links) stricken.

Im Anschluss 4 Reihen glatt rechts arbeiten und danach das Rautenmuster lt. Vorlage beginnen.

Nach dem Rautenmuster wieder 4 Reihen glatt rechts arbeiten und ein weiteres Mal das Rautenmuster stricken.

Weitere 4 Reihen glatt rechts stricken und im Anschluss 10 Reihen Querrippen (kraus rechts) als „Boden" arbeiten.

Die zweite Seite beginnen Sie wieder mit 4 Reihen glatt rechts und arbeiten danach das nächste Rautenmuster.

Anschließend wieder 4 Reihen glatt rechts stricken und ein weiteres Mal das Rautenmuster arbeiten.

Zum Abschluss noch mal 4 Reihen glatt rechts und 6 Reihen im Bündchenmuster (1 M rechts, 1 M links) stricken.

Das Werkstück hat jetzt eine Länge von rund 40 cm.

Die Maschen abketten, das gestrickte Band (den „Boden") falten und die Seitennähte schließen (entweder zusammennähen oder zusammenhäkeln).

Wenn gewünscht, den oberen Rand mit einer Runde feste Maschen umhäkeln.

Dabei (oder nur in der rückwärtigen Mitte) eine Aufhängeschlaufe aus ca. 12 Luftmaschen häkeln und das Ende am oberen Rand befestigen.

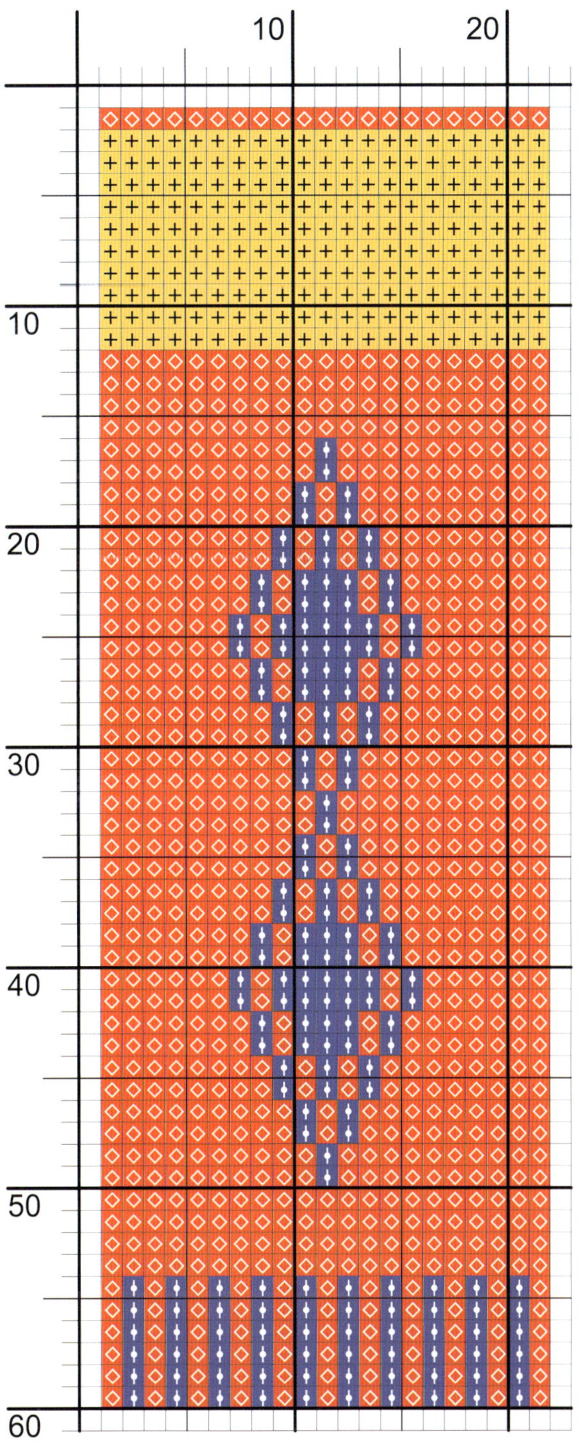

TASCHEN

SÄCKCHEN, KLEIN

MATERIAL

15 g Wolle oder Rest, wie Elisa Merino 80, LL: 80 m pro 50 g

ANLEITUNG

34 Maschen anschlagen. Das Muster lt. Vorlage arbeiten.

Nach 20 Reihen im Muster 6 Reihen glatt rechts stricken, damit sich das Säckchen besser zusammenziehen lässt.

Dann folgt 1 Lochreihe: * 1 Umschlag, 2 M rechts zusammenstricken. Ab * bis zum Ende der Reihe wiederholen. In der Rückreihe die Maschen stricken, wie sie erscheinen.

2 weitere Reihen glatt rechts stricken, anschließend noch 6 Reihen im Rippenmuster (kraus rechts) arbeiten und zuletzt die Maschen abketten.

Die rückwärtige Naht und anschließend den unteren Rand verschließen und zuletzt ein Band durch die Lochreihe durchziehen.

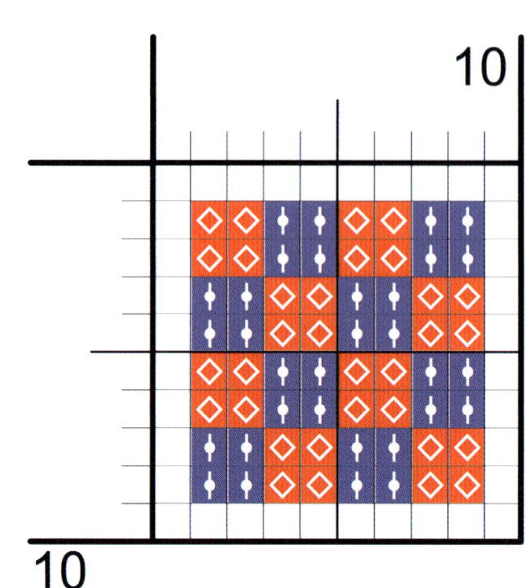

SÄCKCHEN, GROSS

MATERIAL

25 g Wolle, wie Elisa Merino 80, LL: 80 m pro 50 g

ANLEITUNG

53 Maschen anschlagen. Das Muster lt. Vorlage arbeiten.

Nach insgesamt 40 Reihen im Muster 8 Reihen glatt rechts stricken, damit sich das Säckchen besser zusammenziehen lässt.

Es folgt 1 Lochreihe: * 1 Umschlag, 2 M rechts zusammenstricken. Ab * bis zum Ende der Reihe wiederholen. In der Rückreihe die Maschen abstricken, wie sie erscheinen.

2 weitere Reihen glatt rechts stricken, mit 8 Reihen im Rippenmuster (kraus rechts) enden und zuletzt alle Maschen abketten.

Die rückwärtige Naht und anschließend den unteren Rand verschließen und zuletzt ein Band durch die Lochreihe durchziehen.

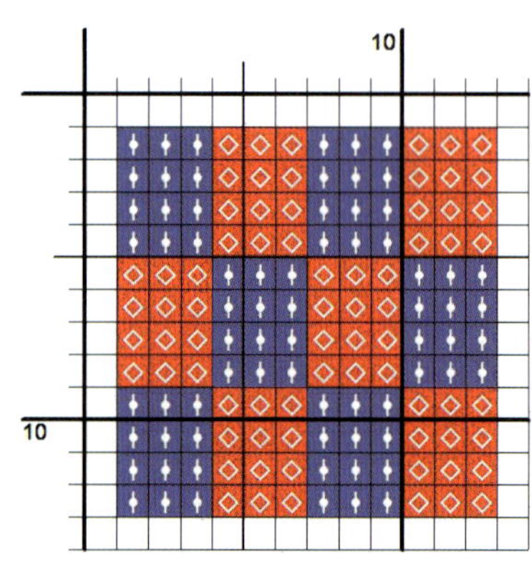

KLEINE TASCHE

MATERIAL

60 g dicke Wolle, wie Elisa Merino 55, LL: 110 m pro 100 g

ANLEITUNG

24 Maschen anschlagen und 76 Reihen Muster lt. Vorlage stricken.

ÜBERSCHLAG

20 Reihen im Rippenmuster (kraus rechts), ab dann am Anfang jeder Reihe 2 M zusammenstricken. Zwischen den letzten beiden Maschen evtl. eine Schlinge als Knopflochersatz anhäkeln. Auf der gegenüberliegenden Seite einen Knopf annähen oder einen Hakenverschluss montieren.

Auf Wunsch aus doppeltem Faden eine Umhängeschlaufe häkeln.

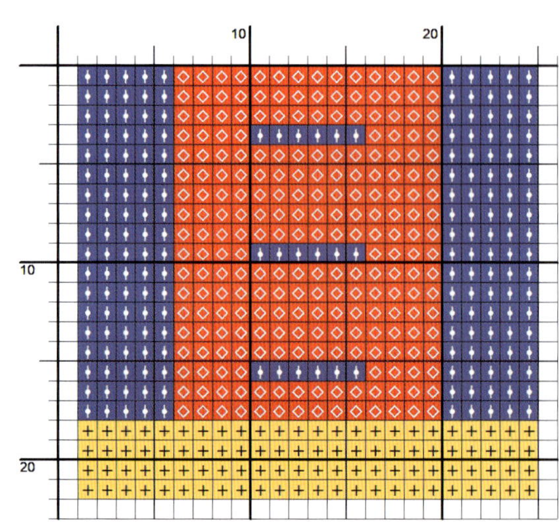

GROSSE TASCHE

MATERIAL

250 g dicke Wolle, wie Elisa Merino 55, LL: 110 m pro 100 g

In diese Tasche passt alles rein, was Sie so brauchen.

Sie wäre auch als Papiersammelstelle in der Wohnung gut vorstellbar.

ANLEITUNG

47 Maschen anschlagen, das Muster lt. Vorlage stricken und dabei fünf Mustersätze arbeiten.

Tipp: Das Modell sollte eher fest gestrickt werden, um ein Ausleiern der Arbeit bei der Verwendung zu verhindern.

Die Maschen abketten.

Die Rückseite genauso arbeiten wie die Vorderseite und anschließend beide Teile zusammennähen oder zusammenhäkeln.

Für den Henkel an der Oberkante links und rechts der Naht je 5 Maschen auffassen = 10 Maschen und einen Henkel in Wunschlänge stricken. Zuletzt an der zweiten Seitennaht fest annähen.

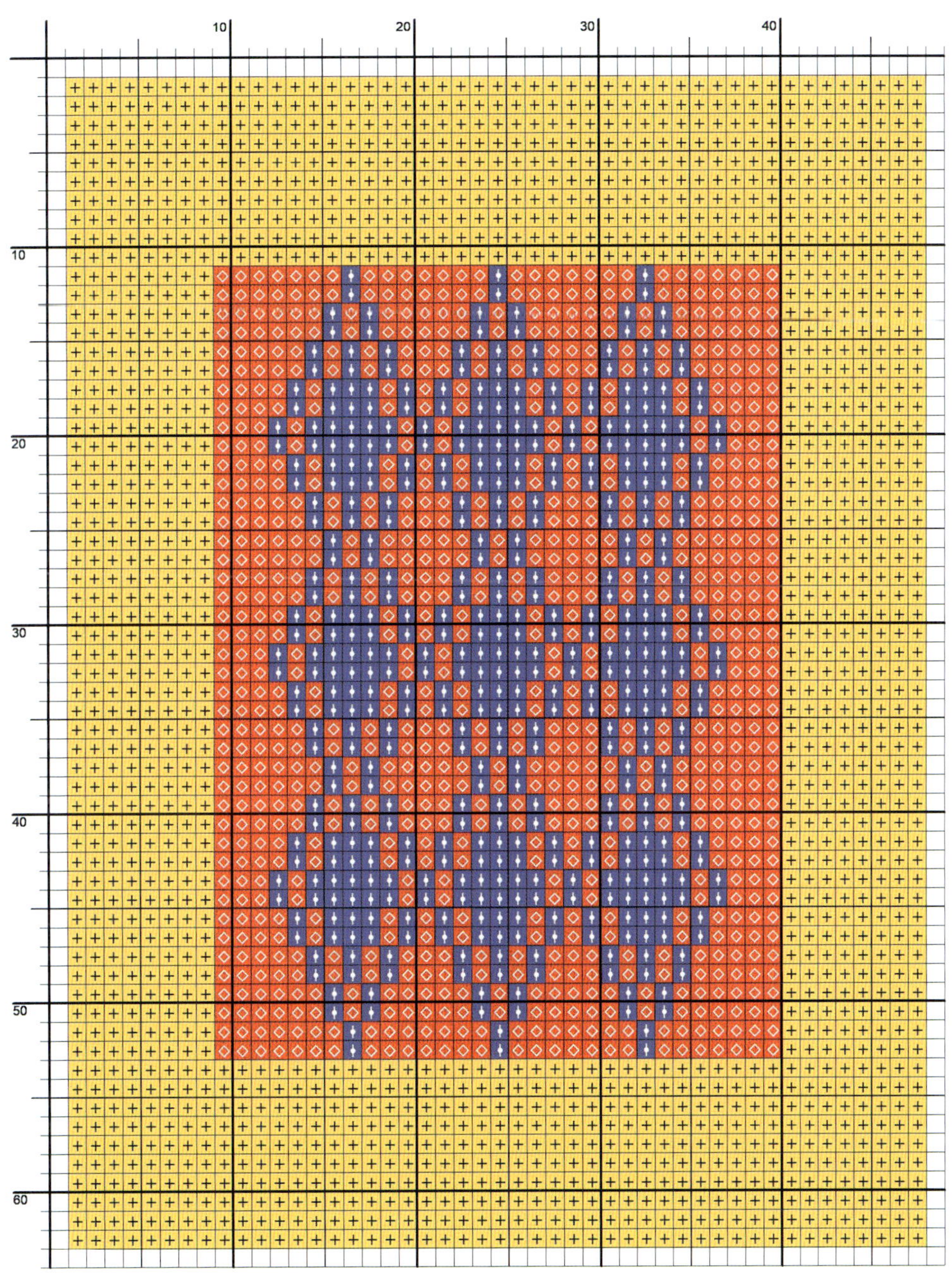
10
20
30
40
10
20
30
40
50
60

Aus unserem Programm

ISBN 978-3-7020-2041-5

ISBN 978-3-7020-2086-6

ISBN 978-3-7020-2110-8

ISBN 978-3-7020-1599-2

Leopold Stocker Verlag
Graz – Stuttgart
www.stocker-verlag.com

Aus unserem Programm

ISBN 978-3-7020-2039-2

ISBN 978-3-7020-1683-8

ISBN 978-3-7020-1754-5

ISBN 978-3-7020-1812-2

Leopold Stocker Verlag
Graz – Stuttgart
www.stocker-verlag.com

Aus unserem Programm

ISBN 978-3-7020-1529-9

ISBN 978-3-7020-1686-9

ISBN 978-3-7020-1934-1

ISBN 978-3-7020-1456-9

Leopold Stocker Verlag
Graz – Stuttgart
www.stocker-verlag.com